ALLIANCE FRANÇAISE

ASSOCIATION NATIONALE

POUR LA PROPAGATION DE LA LANGUE FRANÇAISE

DANS LES COLONIES ET A L'ÉTRANGER

*Approuvée par arrêté du Ministre de l'Intérieur en date
du 24 janvier 1884)*

CONFÉRENCE

DE

M. Jean JAURÈS

Maître de Conférences à la Faculté des Lettres de Toulouse

SIÈGE SOCIAL à PARIS :

2, RUE SAINT-SIMON (215, BOULEVARD SAINT-GERMAIN)

ALBI
IMPRIMERIE PEZOUS

ALLIANCE FRANÇAISE

Président :

M. TISSOT, Ambassadeur, Membre de l'Académie des Inscriptions et Belles-Lettres.

Présidents d'honneur :

MM. CARNOT, Sénateur, Membre de l'Académie des Sciences Morales et Politiques, Ancien Ministre de l'Instruction Publique.

FAIDHERBE (le Général), Grand Chancelier de la Légion d'honneur, membre de l'Académie des Inscriptions et Belles Lettres.

JURIEN DE LA GRAVIÈRE (le Vice-Amiral), Membre de l'Académie des Sciences.

LAVIGERIE (S. Em. le Cardinal), Archevêque d'Alger.

LESSEPS (FERDINAND de), Membre de l'Académie des Sciences et de l'Académie Française.

Membres d'honneur :

MM. BILLOT, Conseiller d'État, Directeur des Affaires Politiques au Ministère des Affaires Étrangères.

CHARTON, Sénateur, Membre de l'Académie des Sciences Morales et Politiques.

DIETZ-MONNIN, Sénateur, Président de la Chambre de Commerce de Paris.

FREYCINET (de), Sénateur, Membre de l'Académie des Sciences.

GABRIAC (Marquis de), Ancien Ambassadeur.

GRÉARD, Membre de l'Académie des Sciences Morales et Politiques, Vice-Recteur de l'Académie de Paris.

HAUSSONVILLE (Comte d'), Sénateur, Membre de l'Académie Française.

HÉBRARD (ADRIEN), Sénateur.

JOURDE, Président du Syndicat de la Presse.

LAURENT-PICHAT, Sénateur.

LEVASSEUR, Membre de l'Académie des Sciences Morales et Politiques, Professeur au Collège de France.

LOCKROY, Député.

MASPERO, Membre de l'Académie des Inscriptions et Belles-Lettres, Directeur des Musées d'Egypte.

ALLIANCE FRANÇAISE

ASSOCIATION NATIONALE

POUR LA PROPAGATION DE LA LANGUE FRANÇAISE

DANS LES COLONIES ET A L'ÉTRANGER

><=<

CONFÉRENCE

DE

M. Jean JAURÈS

Maître de Conférences à la Faculté des lettres de Toulouse

───── ∞ ─────

MESDAMES, MESSIEURS,

Je suis délégué par le Comité toulousain de l'*Alliance française* pour vous expliquer ce qu'elle est, ce qu'elle veut, et, si je le puis, obtenir votre concours. Une Société s'est constituée à Paris pour propager la langue et l'influence française hors de France et surtout dans nos colonies, par la fondation d'écoles et par des relations suivies avec les groupes français disséminés dans le monde. Cette Société est représentée dans les grandes villes de province par des comités régionaux, qui seront en correspondance avec les comités locaux des villes voisines, de façon que la France entière ait entrée à l'*Alliance*, et qu'à une œuvre vraiment nationale toute la nation puisse concourir. De plus, la cotisation annuelle est modeste, de six francs seulement : les fortunes les plus médiocres ont ainsi accès à l'œuvre qui ne peut vivre d'ailleurs et grandir comme il faut qu'elle grandisse que par le patriotisme de tous. Si l'*Alliance française* aboutit, elle ne sera pas seulement utile au pays par son action même, mais encore parce qu'elle prouvera une fois de plus que la patrie chez nous est aimée de tous d'un amour vigilant et spontané. L'*Alliance*, en effet, est sortie toute entière de l'initiative privée, qui se réveille partout en France, et qui a cette bonne fortune, à ses débuts, de se trouver d'accord avec l'action des pouvoirs publics. Depuis nos défaites, il ne s'est pas trouvé un seul grand dessein, appliqué par la nation toute entière, auquel le zèle des particuliers n'ait concouru librement. L'Etat s'est préoccupé avant tout de l'instruction populaire, et avec lui, à côté de lui, la Ligue de l'Enseignement a travaillé : l'an dernier elle a distribué aux enfants pauvres de France 250.000 francs de livres et d'objets scolaires. L'Etat a compris que dans nos écoles, dans nos lycées, il fallait fortifier les corps par la gymnastique : des Sociétés libres de gymnastique se forment un peu partout, surtout dans le Nord et dans le Centre ; et leurs grandes réunions annuelles sont une fête pour les yeux, et pour les cœurs une espérance. La nation relevée un peu du coup terrible qui l'avait jetée à terre et comme étourdie pour quelques années, tourne les yeux vers les horizons lointains ouverts à son commerce et à ses idées : et voilà qu'au moment même où elle fait de glorieux efforts pour étendre au dehors notre légitime influence, l'*Alliance française* s'offre à collaborer avec le pays. Ainsi toutes les fois que la nation s'est engagée dans une voie, il s'est trouvé des volontaires qui ont voulu faire plus que les autres et ont hâté la marche commune. Le patriotisme vrai ne tient pas de comptes et il ne se croit jamais quitte ; il est exubérant comme toutes les affections profondes, il donne plus qu'on ne lui demande ; et rien ne réjouit la patrie, rien ne lui donne cette confiance dans l'avenir et cet orgueil de ses propres enfants, sans lequel elle ne saurait vivre, comme ces dévouements spontanés qui vont au delà même du devoir. Voilà pourquoi, si nous faisons vivre l'*Alliance française* par notre adhésion et notre persévérance, si peu qu'il nous en ait coûté, nous aurons le droit d'être fiers ; car la patrie n'apprécie pas seulement la quantité de nos sacrifices, mais encore et surtout la pensée qui les suggère, l'élan du cœur qui les accomplit, l'énergie d'amour et de volonté qui les continue sans défaillance.

Un autre mérite, et très grand, de l'*Alliance française*, c'est qu'étant seulement française, elle se tient en dehors et au-dessus de la politique et fait appel à tous les partis. Dans le comité parisien, il y a des noms qui représentent les opinions et les doctrines les plus opposées : M. Renan et le cardinal Lavigerie, M. Spuller et M. d'Haussonville, M. Paul Bert et l'abbé Charmetan, missionnaire apostolique. Les Chambres de commerce, l'enseignement, la marine, l'armée, le clergé ont compris que l'intérêt de la France était l'intérêt de tous.

Il est démontré par là que, même dans notre siècle et dans notre pays, il est des questions assez hautes pour que la politique n'y atteigne pas. Ne médisons pas de la politique : elle est en un sens la vie même des pays libres, mais il ne faut pas que par une violence machinale et un emportement routinier, elle transporte la lutte dans les régions mêmes où la paix serait possible, et qu'elle divise ce qui peut rester uni. Or, quels que soient nos dissentiments politiques et religieux, jamais nous ne pourrons nous désunir autant que nous sommes unis par la communauté d'esprit, de langue et d'histoire, par les souvenirs communs et les espérances communes, par certaines dates de deuil public et de joie publique, qui tout-à-coup font revivre au milieu de nos querelles la touchante unité de la famille française, et qui font que deux concitoyens, qui ne pensent en rien la même chose, sont plus près l'un de l'autre, et, à certains jours, plus chers l'un à

l'autre que deux étrangers qui pensent de même. Aucune
lutte ne saurait prévaloir contre cette union obscure et profonde des cœurs. Que faut-il donc pour que divisés sur certains points, nous puissions nous unir sur d'autres ? Simple-
ment avoir confiance dans la force même de l'idée de patrie,
et compter que par elle et pour elle l'entente est possible.
D'ailleurs, à dire toute ma pensée, je ne crois pas que l'état
de lutte ardente et universelle où nous sommes doive durer
indéfiniment : tout régime nouveau, surtout quand il a fait
son chemin à travers les obstacles, quand son existence,
d'abord précaire et disputée, a été menacée par des attaques
soudaines et des retours offensifs, trouve d'abord devant lui
les questions les plus irritantes, celles qui divisent le plus.
Il mate les adversaires qui ont failli le détruire, contient les
influences ennemies, développe au contraire et provoque à
l'action les forces amies. C'est la liquidation d'un passé de
lutte, et c'est par la lutte qu'il l'accomplit. Peu à peu cepen-
dant, s'il est sage (et pourquoi ne le serait-il pas ?) sans rien
perdre de sa fermeté, sans abandonner l'application persé-
vérante des principes qui sont sa force et sa raison d'être, il
quitte volontiers les pensées de combat et les vivacités de
représailles : d'autant plus que la nécessité même de vivre
ouvre sans cesse, devant la conscience et la raison du pays,
des questions nouvelles, moins chargées de querelles et d'ora-
ges, et qui rallient les intelligences les plus divisées dans
une recherche fraternelle. Voilà comment les questions éco-
nomiques et coloniales semblent prendre le pas aujourd'hui
sur les questions de politique pure. Vous voyez se multi-
plier dans les grandes villes ces réunions de commerçants et
d'industriels discutant ensemble, et quel que soit leur parti,
les intérêts communs. Dans le Parlement même, il s'élève
des problèmes qui réconcilient un moment tous les adversaires. L'extrême-gauche a combattu la loi sur les récidi-
vistes, qu'elle trouve trop dure ; or, un projet hardi et sage,
pour prévenir la récidive, pour ramener peu à peu au bien
le condamné et lui restituer l'estime publique, a été présenté
au Sénat par M. Bérenger, du centre-gauche dissident, et

l'extrême-gauche s'empressera de le voter. La Chambre a repoussé comme injuste la demande d'expropriation des terres arabes faite par nos colons algériens : or un projet de colonisation, qui sauvegarde à la fois l'équité et nos intérêts, a été produit par M. d'Haussonville, de la droite sénatoriale, et les journaux radicaux lui ont fait excellent accueil ; M. d'Haussonville en remerciait M. Clémenceau dans une lettre publique et constatait l'accord possible de tous dans de patriotiques pensées. Mgr Freppel soutenait vigoureusement la politique du ministère au Tonkin, et M. de Mun se faisait applaudir des gauches dans la discussion sur Madagascar.

L'*Alliance française* peut donc espérer que de tous les côtés on viendra à elle. Son action d'ailleurs s'exerçant hors de France n'y trouvera pas les causes de conflit qui travaillent la France même.

Il y a deux éléments dans nos colonies, l'élément indigène et l'élément français ; et vous pensez bien que les indigènes n'entreront pas de si tôt dans nos querelles : cléricalisme et libre-pensée n'auront pas grand sens pour les Hovas et les Annamites. Les Hovas, sur l'ordre de leur roi ou de leur reine, passaient du catholicisme au protestantisme, des jésuites français aux méthodistes anglais, sans bien saisir la différence ; ceux-ci pourtant, donnaient à leur prédication un tour fort pratique et persuadaient aux Hovas que, si Adam et Ève s'étaient perdus dans le paradis, et l'humanité avec eux, c'est qu'ils n'étaient pas vêtus de cotonnades anglaises. Quelques notions très simples de langue et d'histoire françaises, de commerce, de christianisme un peu vagues, voilà tout ce qu'on peut faire entrer dans ces esprits, et il n'y a pas là de quoi se brouiller, ces peuples sont des enfants ; or, à moins que l'instituteur et le curé ne se battent, l'enfant du village ne soupçonnera jamais ce qui les sépare. Quant aux français des colonies, malgré leur attachement à la France, ils n'ont pas et ne peuvent avoir les mêmes préoccupations que nous ; leur vie n'est pas la nôtre, elle est plus primitive, plus extérieure, moins travaillée de problèmes spéculatifs. Ils n'ont qu'un souci : maintenir leur influence sur l'indigène et développer leur commerce. Toutes les pensées de la Réunion sont pour Madagascar, toutes les pensées de la Cochinchine pour le Tonkin. Les colonies ont leurs querelles, mais qui ne sont point celles de France, les nôtres s'y éteignent, faute d'aliment. M. Thiers disait : Prenez deux hommes du même avis, mettez-les l'un à la Chambre, l'autre au Sénat ; ils ne penseront plus de même. Prenez deux hommes d'avis différent, mettez-les sur un navire et envoyez-les aux colonies ; ils s'entendront bientôt sur les affaires d'Europe, parce qu'ils n'en parleront plus ; ils se brouilleront peut-être sur celles des colonies, mais c'est leur affaire. Messieurs, c'est une belle chose que seules les pensées douces soient capables des longs voyages ; les querelles ne passent pas les mers. A ces distances, les buissons d'épine ne se transplantent pas. Il n'y a que la bonté qui puisse envelopper le monde, et les grands souffles qui le traversent n'emportent que des germes de paix d'une rive à l'autre de l'Océan.

L'*Alliance* a bien raison de songer avant tout à la diffusion de notre langue : nos colonies ne seront françaises d'intelligence et de cœur que quand elles comprendront un peu le français. Que fait l'Allemagne pour germaniser l'Alsace ? Elle y interdit notre langue. Et, sans sortir de la politique coloniale, quand la révocation de l'édit de Nantes eut poussé à l'étranger des milliers de français, quelques réfugiés furent dirigés par une Compagnie de Hollande sur les côtes de l'Afrique australe, et les Hollandais leur défendirent d'user du français. Ils avaient compris que là où était la langue d'un peuple, elle appelait en quelque sorte ce peuple lui-même, et lui livrait l'avenir. Pour la France surtout, la langue est l'instrument nécessaire de la colonisation : l'émigration n'est pas abondante chez nous, comme en Angleterre et en Allemagne ; et on aura beau la favoriser, elle ne sera jamais suffisante pour distribuer, sur les vastes territoires de l'Algérie, de la Tunisie, de l'Annam et du Tonkin, des Français qui, par leur seule présence, propagent notre influence et nos idées.

Il faut que des écoles françaises multipliées, où nous appel-
lerons l'indigène, viennent au secours des colons français,
dans leur œuvre difficile de conquête morale et d'assimila-
tion. Voyez l'Algérie : il y a deux cent mille Européens,
dont la moitié seulement de Français. L'immigration
italienne et espagnole est plus rapide que la
nôtre, en sorte que bientôt nos colons seront en minorité,
si les enfants italiens et espagnols, élevés dans nos écoles,
ne deviennent des enfants adoptifs de notre pays.

Sur un million de Kabyles et d'Arabes, un centième à peine
est passé dans nos écoles qui sont trop rares ; le reste nous
ignore tout à fait et n'est français que par la conquête. Or,
quelle doit être notre ambition ? Que les Arabes et les Kabyles,
commandés par des officiers français, servent à la garde et à
la police de l'Algérie, de telle sorte qu'une bonne partie de
l'armée d'Afrique puisse en cas de péril aller à une autre
frontière : qu'ils entrent peu à peu dans nos mœurs politiques
et participent à l'administration de rares affaires, qu'enfin
qu'ils deviennent le plus possible des producteurs ? Mais si
nous n'enseignons pas le français aux plus intelligents d'entre
eux, comment pourrons-nous les subordonner à nos officiers,
leur confier sous notre surveillance la gestion de leurs intérêts, et les initier à la pratique perfectionnée des métiers ?
Il n'y a en ce moment en Algérie qu'une multitude vaincue
et cent mille conquérants : il n'y aura là un vrai peuple et une
autre France que par une large diffusion de la langue française. De même dans toutes nos colonies. Ne croyez pas que
l'œuvre soit chimérique : il ne s'agit pas d'apprendre aux
indigènes les raffinements de notre grammaire. Le général
Faidherbe, qui a fait au Sénégal l'essai heureux de cette colonisation intellectuelle, a tracé à l'*Alliance* un plan très simple:
enseigner aux Arabes, aux Tonkinois les formes principales
du verbe présent, passé et futur et les mots essentiels de la
langue, sans souci d'une correction même modérée et d'une
prononciation exacte. Les nègres des Antilles parlent un
français que l'Académie n'avouerait pas ; mais enfin ils nous
comprennent et sont compris de nous : j'ai vu des échan-

tillons de chansons créoles qui sont des traductions fort in-
telligibles de nos chansons populaires. Nos indigènes sont
loin d'être des sots. Les Arabes ont une grande facilité et
précocité d'esprit. Les Annamites ont beaucoup de disposition
à l'étude : tous les indigènes, quand leurs premières défiances
sont désarmées et qu'ils ne redoutent pas de surprise pour
leur foi, viennent volontiers à nos maîtres lorsqu'il y en a.
On a fait le tour de la Kabylie, il y a deux ans, pour leur de-
mander s'ils voulaient des écoles françaises : ils ont accepté
avec reconnaissance et leurs anciens ont remercié la France.
Comment nos écoles ne seraient-elles pas aimées de ces
peuples ! C'est là surtout que la civilisation se montre à eux
sous des formes douces : ils apprennent la langue de leur
vainqueur et se sentent plus près de lui par l'intelligence; ils
acquièrent, avec un métier, un instrument de richesse; enfin,
un horizon nouveau se découvre à eux et ils s'éprennent des
histoires à la fois vraies et merveilleuses de cette France qui
est bien loin. Il n'est pas indifférent qu'ils apprennent de
nous notre histoire, car si nous ne la leur enseignons pas,
d'autres la leur enseigneront à leur manière et à nos dépens.
Quand M. de Brazza revint au Congo pour la seconde fois,
des Européens répandirent le bruit que les Français avaient
toujours été des voleurs et des tueurs d'hommes. Le chef des
Pavillons-Noirs, dans une proclamation, disait aux Chinois
que, depuis un siècle, nous avions été toujours battus, que
Napoléon avait été pris par les Anglais, et que depuis lors
nous étions la risée du monde. Croyez-vous qu'il soit sans
péril de laisser ainsi défigurer notre histoire? Le prestige de
la France aux bords du Nil, créé par l'héroïsme des croisades,
renouvelé par l'héroïsme de la campagne d'Egypte, a beaucoup servi M. de Lesseps. Le passé d'une nation ne reste pas
improductif : il est comme la couche profonde d'une terre
labourable; et les moissons nouvelles sont nourries à la
fois par le soleil du jour et par les réserves antiques du sol.
La gloire d'un grand peuple combat pour lui : elle n'a pas
absorbé sans retour les forces généreuses qui l'ont produite.
Elle est la forme idéale sous laquelle l'énergie des aïeux,

toujours vivante, s'emploie pour leurs descendants. Voilà pourquoi, quand nous prenons possession d'un pays, nous devons
y amener avec nous la gloire de la France, et soyez sûrs qu'on
lui fera bon accueil, car elle est pure autant que grande, toute
pénétrée de justice et de bonté. Nous pouvons dire à ces peuples, sans les tromper, que jamais nous n'avons fait de mal
à leurs frères volontairement ; que des premiers nous avons
étendu aux hommes de couleur la liberté des blancs, et aboli
l'esclavage ; qu'en Cochinchine on s'est si bien trouvé de
nous, que les populations des pays voisins venaient s'abriter
sous nos lois ; que l'île Saint-Barthélémy, il y a quelques
années, malgré l'administration bienveillante de la Suède,
faisait librement retour à nous, et saluait notre drapeau d'una-
nimes acclamations ; qu'au Congo, M. de Brazza traversait,
sans tirer un coup de feu, de vastes territoires et des tribus
guerrières, parce qu'il a su se faire aimer ; que récemment
encore nous refusions de dépouiller les Arabes à notre profit
et que nous recevions leurs remerciements ; que la Louisiane
et le Canada se rappellent leur origine française avec une
orgueilleuse tendresse, et accueillent comme des frères nos
marins et nos voyageurs ; que là enfin où la France est
établie, on l'aime, que là où elle n'a fait que passer, on la
regrette ; que partout où sa lumière resplendit, elle est bien-
faisante ; que là où elle ne brille plus, elle a laissé derrière
elle un long et doux crépuscule où les regards et les cœurs
restent attachés. Voilà ce que gagne une nation à pratiquer
envers les faibles l'humanité et la justice : le jour où elle
doit produire son histoire, elle peut la montrer toute entière
et ne rien cacher de ce qu'elle a fait ; nos colonies peuvent
avoir confiance en nous.

Mais l'*Alliance française* n'a pas songé seulement à nos colonies : le monde entier va s'ouvrant tous les jours au commerce
et aux idées de l'Europe ; nous devons, sans sortir du droit, nous
ménager une large part d'influence, et la propagation de notre
langue y servira. On dit qu'il manque à nos commerçants deux
choses : un peu d'initiative et beaucoup de renseignements ; ce
n'est donc pas indifférent pour eux qu'en toutes les régions com-

merciales, il y ait des sympathies qui les encouragent et
des lumières qui les guident. Le Japon, par exemple, se
pénètre tous les jours de la vie européenne; on y apprend
toutes les langues de l'Europe, mais surtout, depuis 1870,
l'allemand; le français pourtant n'y est pas négligé; et j'ai
vu à l'Exposition universelle, dans la section du Japon, des
narrations françaises qui n'étaient pas mal tournées du tout.
Les Japonais qui savent notre langue et qui aiment notre
pays viennent de former une Société et d'organiser des réunions, où l'on s'entretiendra, en français, de science et de
littérature. C'est ce qu'on pourrait appeler l'Association des
anciens élèves de France. Si nous communiquons avec cette
Société, comme elle le demande, par l'envoi de quelques
journaux, de quelques livres, de quelques encouragements;
si les sympathies dispersées qui unissent les deux pays
prennent corps, et si la France est ainsi comme représentée
au Japon par une élite intelligente et maîtresse de l'opinion,
vous voyez aisément quels fruits nous en pourrons recueillir.
Les lettrés ont beaucoup d'influence en ce pays, et soit pour
les traités de commerce, soit même pour une alliance défen-
sive qui préserve nos colonies des irruptions chinoises,
l'avantage serait grand de les avoir pour nous. Les dames
arméniennes ont fondé une Société libre d'instruction, et
dans les écoles primaires des villes on enseigne aux enfants,
avec le Turc, quelques éléments de français. Cette Société,
dont la réunion annuelle a été présidée il y a deux ans par
l'ambassadeur de France, voudrait aussi être connue de nous.
Le Canada demandait ces jours derniers à Paris, par la voix
d'un de ses journalistes les plus populaires, à entretenir des relations plus fréquentes encore et vraiment journalières avec
cette France d'où il est sorti et où il n'a pas besoin de rentrer,
car il vit librement et joyeusement en elle par l'intelligence
et par le cœur. Voilà donc que de tous les côtés du monde
de libres sympathies s'offrent à nous; voilà qu'une France
idéale se développe, que la France réelle doit connaître,
encourager et agrandir sans cesse par la conquête pacifique
de tous les esprits qui aiment la vérité lumineuse et simple,

de tous les cœurs épris de générosité aimable et de souriante loyauté. C'est une forme d'annexion toute morale, contre laquelle le droit ne réclame pas, et qui ne saurait éveiller les susceptibilités des violents, car ils dédaignent tout ce qui n'est pas la main de la force. Par là, la France échappera à cette souffrance qui est grande pour les nations comme pour les individus : la solitude morale, l'isolement de l'intelligence et du cœur. Les terribles désastres de 1870 nous ont rendu un moment faciles à contenter : nous souhaitions seulement qu'on ne nous attaquât pas de nouveau avant l'entier redressement de nos forces ; entourés d'ennemis que n'avait pas apaisés notre défaite, de jaloux que n'avaient pas rassasiés nos humiliations, nous ne demandions au reste du monde que l'indifférence et l'oubli ; mais à mesure que la force nous revient et l'espérance avec elle, il nous faut davantage ; nous attendons de nos voisins le respect, et des peuples lointains une confiante amitié. Le monde nous paraîtrait bien triste, si la France n'y était pas aimée, bien vide, si son esprit n'y habitait pas.

Le grand voyageur Humboldt dit qu'un soir, de l'autre côté de l'Équateur, il eut la sensation poignante de l'éloignement de la patrie en ne retrouvant plus au ciel les constellations accoutumées. De même, si nous parcourons le monde par la pensée, et si nous ne retrouvons nulle part les affections, les idées, les souvenirs qui illuminent pour nous le ciel de France, nous aurons le sentiment que nous sommes bien peu de chose : un fragment perdu, un membre séparé de l'humanité vivante. Au contraire, nous serons partout dans la patrie, si à mesure que disparaissent les étoiles qui brillent sur elle, nous sentons des âmes, françaises par l'intelligence et la sympathie, se lever à l'horizon. Posséder les âmes, c'est vraiment tout posséder ; et si quelqu'un de nous avait des cœurs amis dans toutes les régions du monde, il me semble que le monde entier lui appartiendrait. Faisons, si vous voulez, que notre France ait cette joie. De même qu'elle sait attirer les cœurs des peuples enfants par le respect de la faiblesse, elle sait plaire aux nations adultes

par sa netteté de parole et de conduite, par le caractère
humain et universel de son esprit, par la logique rapide
de ses pensées, qui, comme la lumière, vont loin et vite
parce qu'elles vont droit ; par sa franchise accueillante
et par sa gaîté, faite d'esprit, de courage et de prompte
résolution. Répandre la langue et la littérature françaises,
c'est donc sûrement faire aimer la France ; c'est faire aimer en même temps le droit dont son esprit est pénétré,
l'humanité dont son âme est pleine, les nobles vertus re-
commandées par les qualités aimables et tout éclairées aux
yeux des peuples d'un courageux contentement. Et ne
croyez pas, Messieurs, que nous ne gagnerons rien, même
pour notre puissance réelle, à faire aimer et estimer notre
pays. Un officier d'état-major de l'armée allemande, qu'on
ne peut soupçonner d'être un rêveur, disait, dans un livre
récent, que l'opinion publique jouait, dans les guerres un
rôle de plus en plus grand. Toutes les nations se surveillent
et se jugent, et quand un peuple veut en attaquer un autre,
il faut qu'il mette de son côté, sinon le droit, au moins
quelque apparence du droit : le mieux aimé n'aime guère à
entrer en lutte enveloppé de l'hostilité morale de tous.
Messieurs, il est évident que de jour en jour les luttes de
l'Europe auront leur raison d'être et leur champ hors de
l'Europe même. Quand les forces de notre Occident auront
trouvé un équilibre stable, c'est dans leur expansion loin-
taine que les nations entreront surtout en rivalité et en
conflit ; et de même qu'aujourd'hui elles cherchent à avoir
pour soi l'opinion publique de l'Europe, on peut dire, sans
crainte de se tromper, qu'elles chercheront à se concilier
l'opinion publique du monde. Les colonies européennes,
passablement dispersées aujourd'hui, sont protégées les unes
contre les autres par leur éloignement même ; mais, à mesure qu'on se développant elles se heurteront et se froisse-
ront peut-être, la mère-patrie ne sera assurée de l'avenir
que par le bon vouloir énergique des indigènes et par la
sympathie active des peuples voisins. Voilà pourquoi
l'*Alliance* a ce double but : d'abord, attacher à la France

par un lien plus étroit les colonies françaises ; ensuite, dans le monde entier, partout où il y a des fidèles de notre pays, les encourager ; partout où il y a des foyers français, les entretenir et les aviver de façon que la lumière française emplisse peu à peu à notre profit et à notre honneur toute l'étendue de l'horizon humain.—Messieurs, l'œuvre à laquelle nous convie l'*Alliance* est bien vaste et elle pourrait nous décourager par son immensité même ; mais l'*Alliance* ne prétend pas l'assumer toute entière. Elle ne veut ni remplacer ni contrarier les autres forces qui travaillent au même dessein, elle sera seulement une force de plus. Le gouvernement d'un côté, les grandes associations chrétiennes de l'autre feront certainement une large part de la tâche ; mais puisqu'ils ne suffisent pas à la remplir toute, un nouveau faisceau de bonnes volontés, et, si je puis dire, un nouvel instrument patriotique, doit être mis au service du pays. L'œuvre n'est pas seulement vaste, elle est indéfinie, car on ne saurait assigner de terme au développement moral de la patrie française, et quels que soient les résultats atteints, ils ne seront jamais qu'un commencement ; mais cette vue même, loin d'abattre les courages, doit les exciter au contraire. Les longues prévoyances sont aujourd'hui la loi des nations. Dans cette forêt de peuples qui poussent pressés les uns contre les autres, se disputant l'air et le sol, ceux-là seuls pourront subsister qui s'élèveront sans cesse dans la lumière, je veux dire dans une conscience toujours plus claire et plus ardente des nécessités de leur vie et des conditions de leur avenir. C'est l'honneur des individus de travailler à une œuvre qui les dépasse et dont ils ne verront pas le plein accomplissement. La France, quand nous disparaîtrons, n'aura pas manifesté toutes ses ressources ; mais si courte que soit notre vie, nous pouvons participer à l'avenir illimité du pays par le travail et par l'espérance ; la grandeur future de la patrie est vraiment présente pour tous les cœurs qui la devinent, pour toutes les volontés qui la fondent. A entretenir ainsi de vastes pensées, les âmes s'agrandissent nécessairement, et elles portent ensuite en toute chose la grandeur qu'un patriotisme sincère leur a donnée.

Non-seulement les luttes politiques peuvent être apaisées et suspendues par la communauté des nobles desseins, mais quand elles recommencent, elles ne dégénèrent pas en ridicules questions de personnes et en polémiques insultantes : elles restent la lutte des principes et des idées, parce qu'on a appris de la patrie pour qui on travaille à se passionner en effet pour les idées et non pas pour les intérêts. La vue exclusive de nos divisions et de nos querelles pourrait affaiblir en nous l'espérance et nous faire douter de l'avenir ou même méconnaître le présent ; à travailler ensemble pour la Patrie, nous aurons un sentiment plus direct de sa vitalité et de sa force, et nous découvrirons autour de nous bien des raisons d'espérer. La France depuis quatorze ans a beaucoup fait : elle a couvert sa nouvelle frontière d'un rempart solide, elle a réorganisé ses forces, et l'on peut dire qu'aujourd'hui l'armée a confiance en ses chefs et la France en son armée. Elle a manifesté en tous sens, dans les travaux publics, dans la diffusion de l'enseignement, une généreuse activité, et il me semble qu'il y a partout un noble souci de la chose publique, un éveil et un effort multiple des volontés ; au dehors nous reprenons peu à peu notre rang et nous étendons notre domaine : la civilisation française s'ouvre un chemin nouveau dans l'Extrême-Orient et elle enveloppe l'Afrique de tous les côtés. Ainsi, de chaque côté qu'on se tourne, la France, qu'on avait voulu détruire et qu'on avait cru finie, se retrouve dans la défaite, plus vivante, plus ardente et plus réfléchie; cet arbre antique, dont on a pu couper quelques rameaux, mais dont on n'a pas touché la racine, a renouvelé sa sève : il a reverdi, il va refleurir et de nouveau laisser tomber sur le monde des semences de Justice et de Liberté. L'*Alliance française* aidera à ce relèvement du pays ; c'est pourquoi, en finissant, je vous prie instamment d'y adhérer. Je prie les femmes d'aller à cette œuvre : elles ont l'activité de la propagande, la fidélité aux nobles causes une fois adoptées; elles ont fait vivre les grandes œuvres chrétiennes, elles savent bien que la Patrie aussi mérite un culte.

EXTRAIT DES STATUTS DE « L'ALLIANCE »

L'Alliance française, Association nationale pour la propagation de la langue française, a pour objet de répandre la langue française hors de France, et principalement dans nos colonies et dans les pays soumis à notre protectorat.

Pour atteindre ce but, elle se propose : 1° de créer et de subventionner des écoles françaises; 2° de former des maîtres; 3° de distribuer des récompenses propres à assurer la fréquentation des écoles; 4° d'encourager les publications pouvant seconder l'œuvre de *l'Alliance*, et en particulier celles qui auront un caractère pédagogique ; 5° de donner des prix ou des bourses de voyage aux meilleurs élèves; 6° de publier un *bulletin* et de prendre toutes les mesures destinées à assurer le développement et la prospérité de l'œuvre.

L'Alliance a son siège à Paris. Elle est administrée par un Conseil d'administration.

Des Comités régionaux peuvent être constitués par les soins et avec l'autorisation du Conseil dans tous les pays où l'Alliance compte au moins cinquante sociétaires. Des Comités locaux rattachés aux Comités régionaux peuvent être constitués partout où *l'Alliance* compte au moins dix sociétaires.

Les femmes peuvent faire partie de l'Association.

Le minimum de la cotisation est de **six francs** par an. — Tout sociétaire peut s'exonérer définitivement de sa cotisation annuelle moyennant le versement en une seule fois d'une somme de **cent vingt francs**, et devenir ainsi Sociétaire *perpétuel*. Le versement d'une somme de **cinq cents francs** donne le titre de *Fondateur*.

La Société accepte les dons en nature et en argent.

L'Alliance est dirigée par un *Conseil d'administration* siégeant à Paris. Ce Conseil correspond avec les comités régionaux et locaux.

Les comités régionaux et locaux sont de deux sortes : les Comités de *propagande* et les Comités d'*action*. — Les Comités de propagande, établis en France ou en Algérie, transmettent au Conseil et en reçoivent les communications sur tout objet intéressant l'association. — Ils provoquent et recueillent les souscriptions et en versent le produit dans la caisse du Conseil.

Les Comités d'action, établis dans les colonies et à l'étranger, relèvent du Conseil d'administration ; ils disposent des cotisations qu'ils recueillent, sous la réserve qu'ils renseignent le Conseil d'administration sur l'emploi de ces fonds.

COMITÉ DE PROPAGANDE D'ALBI

BUREAU

MM.

Président	TEYSSIER, Colonel en retraite.
Vice-présidents...	GILLARD, Président du tribunal civil.
	LENCLUD, Ingénieur en chef des ponts et chaussées.
	MARAVAL (Joseph), Président de la Chambre de commerce.
Trésorier..........	BOUNHIOL (Henri), Professeur de mathématiques au Lycée.
Secrétaire........	SINY (Henri), Professeur de seconde au Lycée.
Secrétaire-adjoint.	ROY, Professeur d'Anglais au Lycée.

MEMBRES DU COMITÉ

MM. ANTRAIGUES, Agent-Voyer en chef du département.
CANAC (Charles), Avoué.
CARAGUEL (Henri), Arbitre de commerce, expt-géomètre.
CAZÈRES, Professeur au Lycée.
CHAY, Manufacturier.
CLAUSTRE, Capitaine-major du 128e territorial.
FOURCASSIÉ, professeur au Lycée.
JOLIBOIS (Jules), Chef de bureau à la Préfecture.
LAFON (Louis), Professeur d'Allemand au Lycée.
MANS (Isidore), Professeur au Lycée.
MARAVAL (Jules), Manufacturier.
MARIEU, Capitaine en retraite, Adjoint au Maire.
MERCADIER, Trésorier-général du département.
PICOT (Maurice), Directeur des Postes et Télégraphes.
POUX-LAVILLE (Gaston), Publiciste.
PRADES, Professeur au Lycée.
ROGER, Inspecteur d'Académie.
SOULAGES (Gabriel), Avocat, Conseiller général, Maire d'Albi.

S'adresser, pour les Souscriptions, à Albi, au Trésorier, aux Secrétaires ou à tout autre membre du Comité.

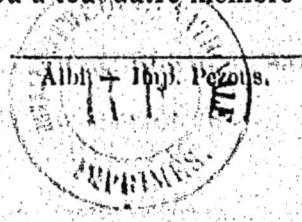

Albi — Imp. Pezous.

MM. NISARD (Désiré), Membre de l'Académie Française.
PARIS (Gaston), Membre de l'Académie des Inscriptions et Belles-Lettres.
PASTEUR, Membre de l'Académie Française et de l'Académie des Sciences.
PRESSENSÉ (de), Sénateur.
RENAN, Membre de l'Académie Française et de l'Académie des Inscriptions et Belles-Lettres, Administrateur du Collège de France.
RIBOT, Député.
SAY (Léon), Sénateur, Membre de l'Académie des Sciences Morales et Politiques.
SIMON (Jules), Sénateur, Membre de l'Académie Française et de l'Académie des Sciences Morales et Politiques.
SPULLER, Député.
TAINE, Membre de l'Académie Française.
VOGUÉ (Marquis de), Membre de l'Académie des Inscriptions et Belles-Lettres, Ancien Ambassadeur.

Secrétaire général : M. FONCIN (Pierre), inspecteur général de l'Instruction publique.

Délégué du Comité d'administration pour la région du MIDI :
M. CASTRO, sous-chef du Secrétariat général de la Banque de France.

—•◦•◦•—

Prière de s'adresser à PARIS :

Au siège de la Société, 2, rue Saint-Simon, 2

POUR LES COMMUNICATIONS CONCERNANT L'ASSOCIATION :
à M. P. FONCIN, Secrétaire général

POUR LES SOUSCRIPTIONS :
à M. MAYRARGUES, Trés., ou à M. P. MELON, Vice-Trés.

Dans le Département du TARN :

Au siège des Comités régionaux ALBI, CASTRES, MAZAMET.

———•◦◦◦•———

www.ingramcontent.com/pod-product-compliance
Lightning Source LLC
Chambersburg PA
CBHW060722280326
41933CB00013B/2536